Bookends

Explorer

Wrestler

Greeter

Doorman   **Guard**

Bed Warmer

Alarm Clock

Rake

Medic

Absorbent Towel

Moist Towelette

Seat Cover

Rearview Mirror

Lawn Ornament

Garden Gnome

Chew Toy

Paper Shredder

Floor Cleaner

Dustbuster

Room Deodorizer

Car Alarm

GPS

Dishwasher

Garbage Disposal

Headrest

Footstool

Webcam

Facebook Friend

Pole Vaulter

Sprinter

Goalie

Triathlete

Realtor

Logger

Clown

Entertainer

Seamstress

Cobbler

Superhero

Bodyguard

Copilot

Backseat Driver

Lawn Fertilizer

Weed Killer   **Gardener**

Florist

Country Boy   **City Slicker**

Marathon Runner

Yoga Instructor

Undercover Agent

Border Patrol

Plumber

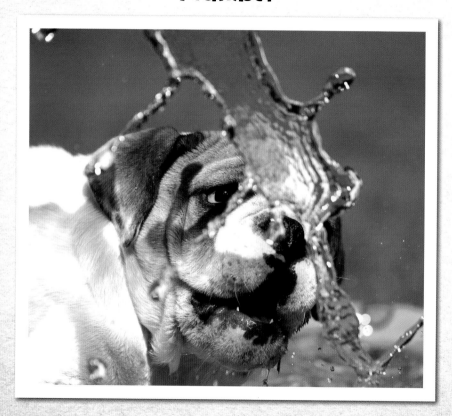

Window Washer

Comedian

Jester

Executive Assistant

Scholar

Personal Trainer

Dietitian

T.V. Technician

I.T. Support

Food Critic

Taste Tester

Ball Boy

Playboy

Stowaway

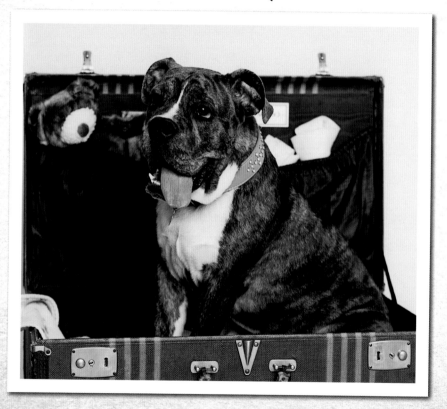

Carry-on

Trailblazer

Snowplow

Skateboarder

Surfer

High Diver

Hurdler

Party Planner

Dreamer

Patriot

Sentry

Wise Guys

Star Witness

Gang Member

Ball Retriever

Laundry Helper

Clothes Hanger

Bath Buddy

Punk Rocker

Dress Up Doll

Welcoming Committee

Protector

Lifeguard

Beach Bum

Beachcomber

Sweetheart

Heartbreaker

Diva

Personal Shopper

Benchwarmer

Couch Potato

Best Friend

Confidant

WILLOW CREEK PRESS

Published by Willow Creek Press, Inc.
P.O. Box 147, Minocqua, Wisconsin 54548

p4 © Gerard Lacz/age fotostock; p6 © Scott Van DykeBeatew/age fotostock; p7 © Juniors Bildarchiv/age fotostock; p8 © BigCheesePhoto/age fotostock; p9 © LWA-Dann Tardif/age fotostock; p11 © Jean-Edouard Rozey/age fotostock; p13 right © Juniors Bildarchiv/age fotostock; p14 © Juniors Bildarchiv/age fotostock; p15 © Corbis/age fotostock; p16 © LWA-Dann Tardif/age fotostock; p18 © Larry Williams/age fotostock; p19 right © Lew Robertson/age fotostock; p20 © Juniors Bildarchiv/age fotostock; p22 © Arco C. Steimer/age fotostock; p23 © Juniors Bildarchiv/age fotostock; p24 © Frank Siteman/age fotostock; p25 © SuperStock/age fotostock; p27 © Arco C. Steimer/age fotostock; p28 left © LWADann Tardif/age fotostock; p29 left © John Daniels/ardea/age fotostock; p29 right © LWADann Tardif/age fotostock; p31 © Arco C. Steimer/age fotostock; p33 © Push Pictures/age fotostock; p34 © John Daniels/ardea/age fotostock; p36 © Arco C. Steimer/age fotostock; p37 © Juniors Bildarchiv/age fotostock; p39 © LWA-Stephen Welstea/age fotostock; p40 © LWA-Dann Tardif/age fotostock; p41 © Danuta Hyniewska/age fotostock; p43 © PICANI/age fotostock; p45 © willeecole/age fotostock; p46 © Arco C. Steimer/age fotostock; p48 © Henryk T Kaiser/age fotostock; p49 © willeecole/age fotostock; p50 © Juniors Bildarchiv/age fotostock; p52 left © John Daniels/ardea/age fotostock; p52 right © Maurici Mayol/age fotostock; p53 © Arco C. Steimer/age fotostock; p54 left © Juniors Bildarchiv/age fotostock; p54 right © John Daniels/ardea/age fotostock; p55 © John Daniels/ardea/age fotostock; p56 © Frank Siteman/age fotostock; p59 © Arco C. Steimer/age fotostock; p60 © willeecole/age fotostock; p61 © Tanya Constantine/age fotostock; p62 © Fotosearch/age fotostock; p65 © LWA-JDC/age fotostock; p70 © LWADann Tardif/age fotostock; p71 © LWADann Tardif/age fotostock; p72 © willeecole/age fotostock; p73 © willeecole/age fotostock; p74 © ZoonarDaniela Jakob/age fotostock; © Superstock/age fotostock; p76 © Ivonne Wierink/age fotostock; p77 © Pinto/age fotostock; p78 © ARTLIST INC/age fotostock; p79 right © Arco C. Steimer/age fotostock; p80 © Juniors Bildarchiv/age fotostock; p81 © Quicksnap/age fotostock; p83 © Juniors Bildarchiv/age fotostock; p84 © Eyecandy Images/age fotostock; p85 © Dave Blackey/age fotostock; p87 © RFcompany/age fotostock; p88 © Arco C. Steimer/age fotostock; p96 © Brian Chase/age fotostock

Design: Donnie Rubo
Printed in China

101 USES FOR A BULLDOG